AF194695

Impressum
Verlag: BABADADA GmbH, Nedderfeld 112 , 22529 Hamburg
Geschäftsführer / Verlagsleitung: Harald Hof
Druck: Books on Demand GmbH, In de Tarpen 42, 22848 Norderstedt

Imprint
Publisher: BABADADA GmbH, Nedderfeld 112 , 22529 Hamburg, Germany
Managing Director / Publishing direction: Harald Hof
Print: Books on Demand GmbH, In de Tarpen 42, 22848 Norderstedt

skool
escola

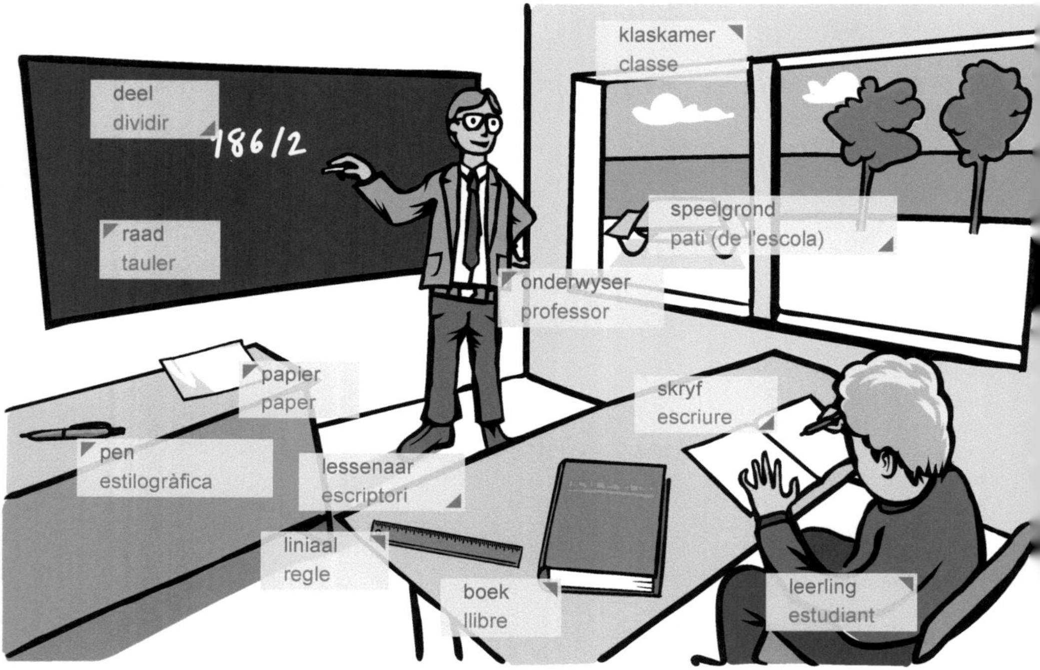
klaskamer
classe
deel
dividir
186/2
speelgrond
pati (de l'escola)
raad
tauler
onderwyser
professor
papier
paper
skryf
escriure
pen
estilogràfica
lessenaar
escriptori
liniaal
regle
boek
llibre
leerling
estudiant

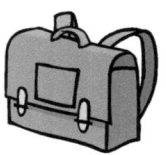

skooltas

bossa

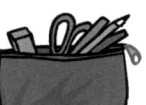

potloodhouer

estoig

potlood

llapis

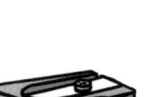

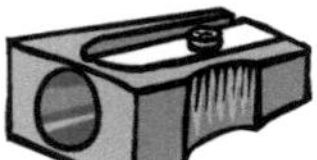

skerpmaker

maquineta de fer punta

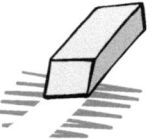

rubber

goma

tekenblok

bloc de dibuix

tekening

dibuix

verfkwas

pinzell

verfoppervlak

capsa de pintures

skêr

tisores

gom

cola

oefenboek

quadern d'exercicis

huiswerk

deures

aantal

nombre

optel

afegir

aftrek

sostreure

maal

multiplicar

bereken

calcular

brief

lletra

alaphabet

alfabet

woord

mot

teks

text

lees

llegir

kryt

guix

les

lliçó

registreer

llibre de classe

eksamen

examen

sertifikaat

certificat

skooluniform

uniforme escolar

onderwys

formació

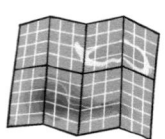

ensiklopedie

enciclopèdia

universiteit

universitat

mikroskoop

microscopi

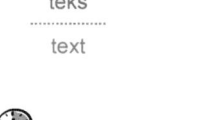

kaart

mapa

vullisdrom

paperera

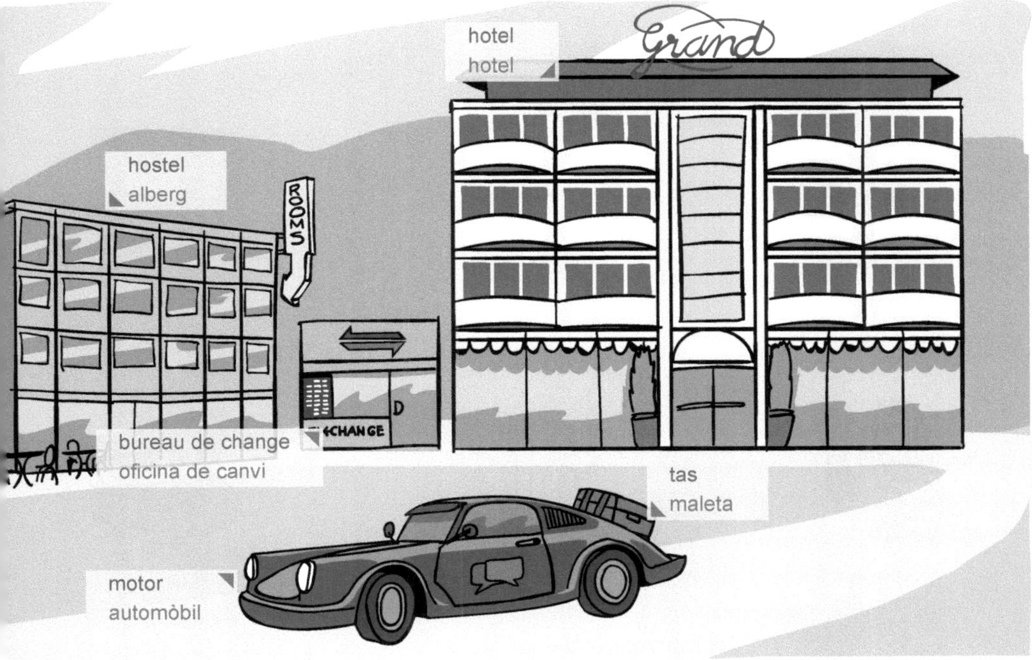

hotel
hotel
Grand
hostel
alberg
ROOMS
bureau de change
oficina de canvi
EXCHANGE
tas
maleta
motor
automòbil

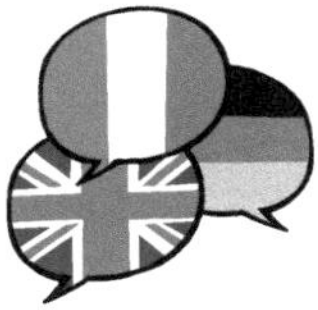

taal
llengua

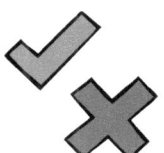

ja / nee
sí / no

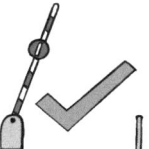

Goed
D'acord

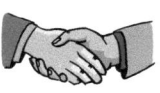

hallo
Ey!

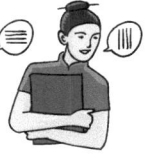

vertaler
traductora

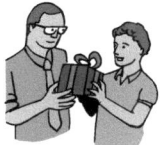

Dankie
gràcies

hoeveel is...?

Quant costa... ?

Ek verstaan nie

No entenc

probleem

problema

Goeie naand!

Bona nit!

Goeie môre!

bon dia!

Goeie nag!

bona nit!

totsiens

fins aviat

rigting

direcció

bagasie

bagatge

sak

bossa

rugsak

sarrona

gas

convidat

kamer

cambra

slaapsak

sac de dormir

tent

tenda

toeriste-inligting

oficina de turisme

strand

platja

kredietkaart

carta de crèdit

ontbyt

esmorzar

middagete

dinar

aandete

sopar

kaartjie

bitllet

hysbak

ascensor

posseël

segell

grens

frontera

doeane

duana

ambassade

ambaixada

visum

visat

paspoort

passaport

vervoer
transport

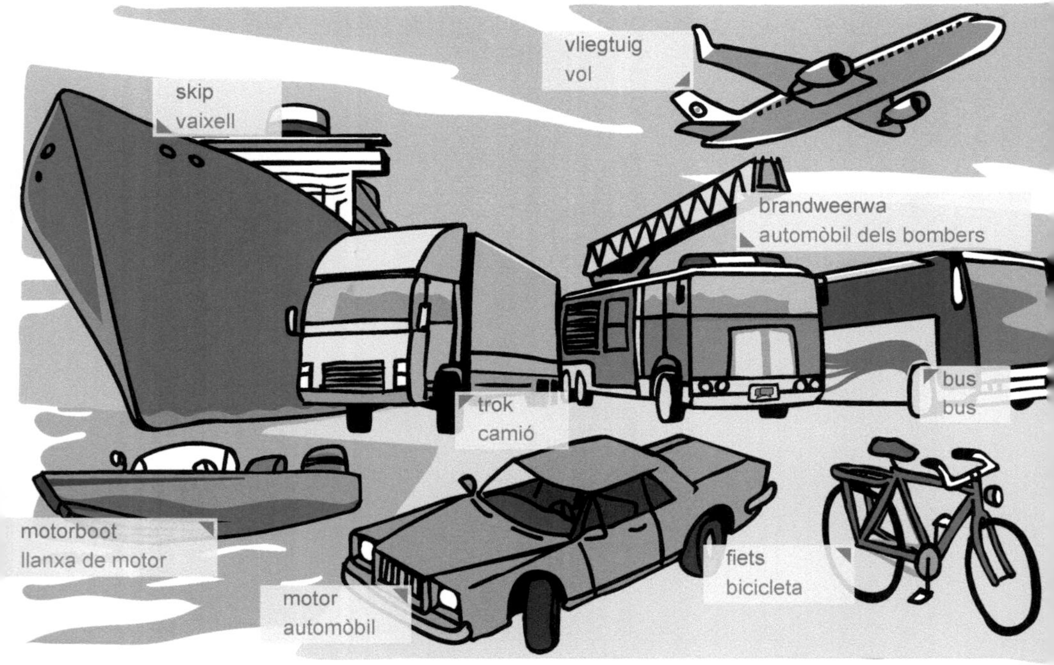

vliegtuig
vol
skip
vaixell
brandweerwa
automòbil dels bombers
bus
bus
trok
camió
motorboot
llanxa de motor
fiets
bicicleta
motor
automòbil

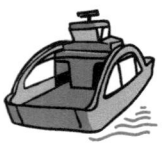

veerboot

transbordador

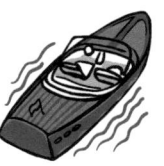

boot

barca

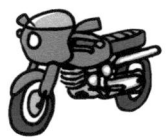

motorfiets

moto

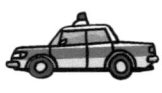

polisiemotor

automòbil de policia

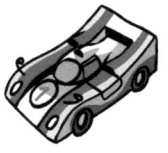

renmotor

automòbil de curses

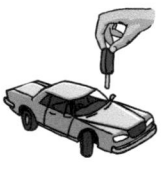

huurmotor

automòbil de lloguer

car-sharing

vehicle compartit

insleepvoertuig

grua

vullisverwydering

camió de les escombraries

enjin

motor

brandstof

benzina

vulstasie

benzineria

verkeersteken

senyal de trànsit

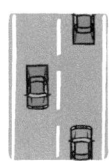

verkeer

trànsit

verkeersknoop

embús

parkeerplek

aparcament

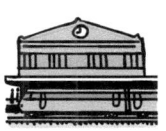

stasie

estació de trens

spore

vies

trein

tren

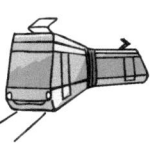

tram

tramvia

wa

vagó

helikopter
helicòpter

lughawe
aeroport

toring
torre

passasier
passatger

houer
contenidor

karton
capsa de cartó

karretjie
carretó

mandjie
cistella

opstyg / land
enlairar-se / aterrar

stad
ciutat

dorpie
poble

middestad
centre de la ciutat

huis
casa

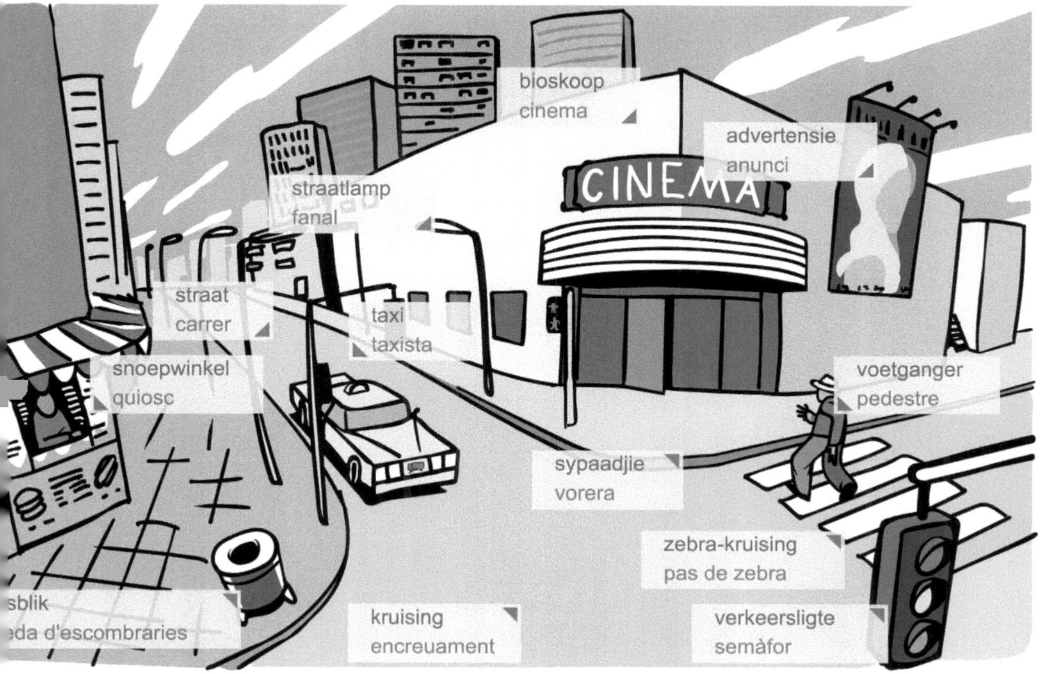

bioskoop
cinema

advertensie
anunci

straatlamp
fanal

CINEMA

straat
carrer

taxi
taxista

voetganger
pedestre

snoepwinkel
quiosc

sypaadjie
vorera

zebra-kruising
pas de zebra

sblik
eda d'escombraries

kruising
encreuament

verkeersligte
semàfor

hut
....
cabana

woonstel
....
apartament

stasie
....
estació de trens

stadsaal
....
casa de la vila-ciutat

museum
....
museu

skool
....
escola

universiteit

universitat

bank

banca

hospitaal

hospital

hotel

hotel

apteek

farmàcia

kantoor

oficina

boekwinkel

llibreria

winkel

botiga

bloemis

floristeria

supermark

supermercat

mark

mercat

handelshuis

gran magatzem

viswinkel

peixateria

inkopiesentrum

centre comercial

hawe

port

park

parc

bankie

banc

brug

pont

trappe

escala

moltrein

metro

tonnel

túnel

bushalte

parada d'autobús

kroeg

bar

restaurant

restaurant

posbus

bústia de correu

straatnaambord

senyal indicador

parkeermeter

parquímetre

dieretuin

zoo

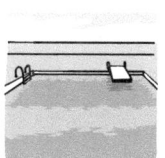

swembad

piscina

moskee

mesquita

plaas
granja

besoedeling
pol·lució

begraafplaas
cementiri

kerk
església

speelgrond
parc infantil

tempel
temple

landskap

paisatge

blaar
fulla

padwyser
cartell indicador

pad
camí

weiland
prat

klip
pedra

voetslaner
excursionista

boom
arbre

rivier
riu

gras
gespa

blom
flor

vallei

vall

heuwel

muntanya

meer

llac

bos

bosc

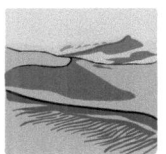

woestyn

desert

vulkaan

volcà

kasteel

castell

reënboog

arc de Sant Martí

sampioen

bolet

palmboom

palmera

muskiet

moscard

vlieg

mosca

mier

formiga

by

abella

spinnekop

aranya

landskap - paisatge

miskruier

escarabat

padda

granota

eekhoring

esquirol

krimpvarkie

eriçó

haas

llebre

uil

òliba

voël

ocell

swaan

cigne

wildevark

senglar

takbok

cervo

elk

ant

opgaardam

presa

windturbine

turbina

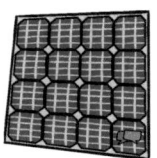

sonpaneel

panell solar

klimaat

clima

restaurant
restaurant

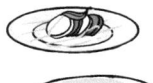

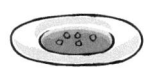

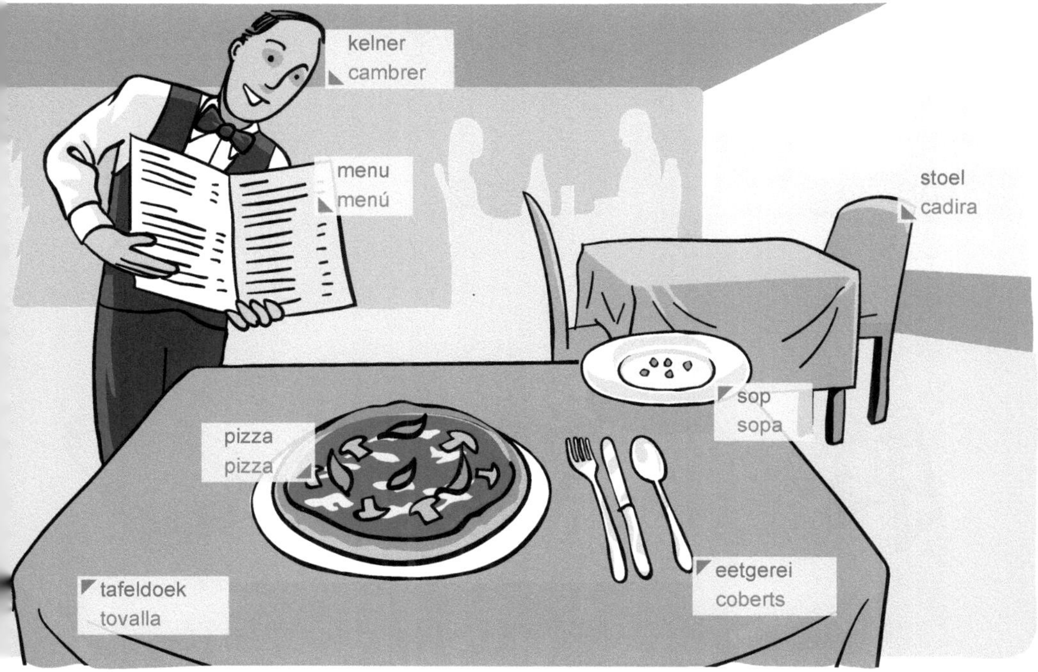
kelner
cambrer
menu
menú
stoel
cadira
sop
sopa
pizza
pizza
eetgerei
coberts
tafeldoek
tovalla

voorgereg

primer plat

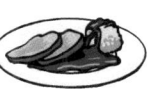

hoofgereg

plat principal

nagereg

darreries

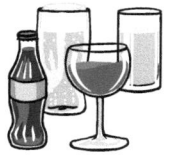

drankies

begudes

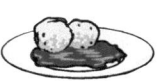

kos

menjar

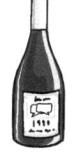

bottel

ampolla

kitskos

menjar ràpid

straatkos

menjar de carrer

teepot

tetera

suikerverpakking

sucrer

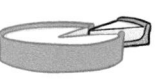

porsie

porció

espresso masjien

màquina d'espresso

hoë stoel

trona

rekening

factura

skinkbord

plata

mes

ganivet

vurk

forqueta

lepel

cullera

teelepel

cullereta

servet

tovalló

glas

got

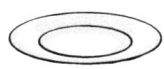

gereg

plat

sopbakkie

plat de sopa

piering

plateret

sous

salsa

soutpot

saler

pepermeul

molinet de pebre

asyn

vinagre

olie

oli

speserye

espècies

tamatiesous

quètxup

mosterd

mostassa

mayonaise

maionesa

supermark
supermercat

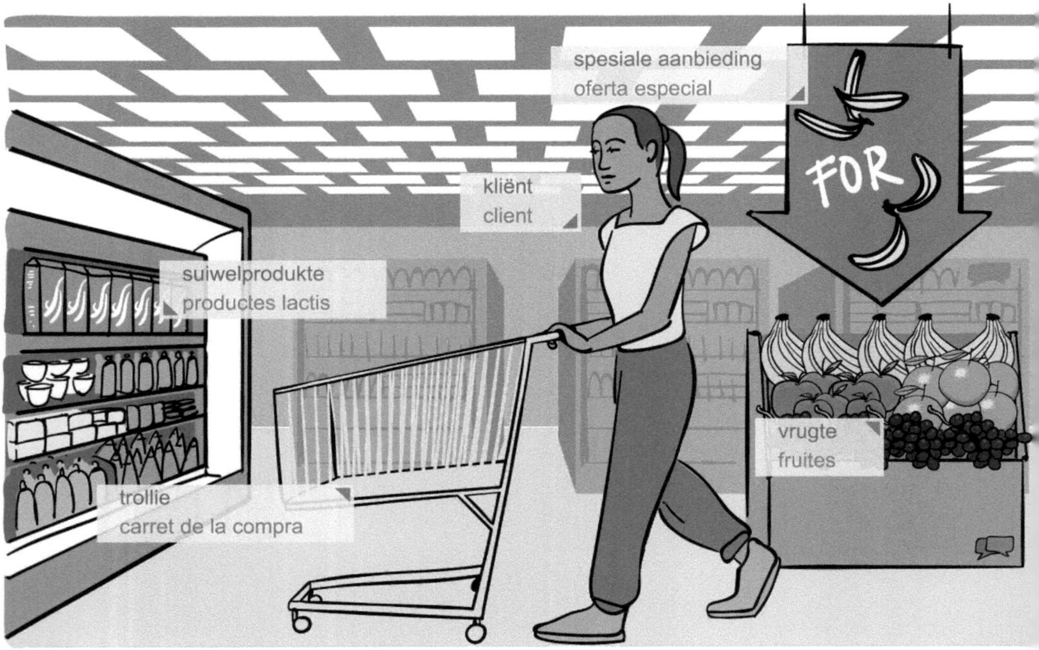

spesiale aanbieding
oferta especial
FOR
kliënt
client
suiwelprodukte
productes lactis
vrugte
fruites
trollie
carret de la compra

BUTCHERS

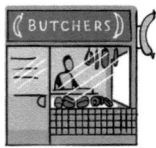

slaghuis

carnisseria

BAKERY

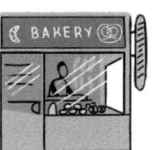

bakkery

forn de pa

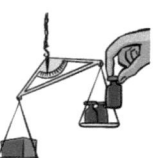

weeg

pesar

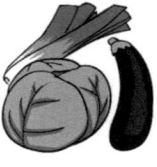

groente

verdures

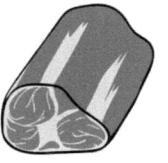

vleis

carn

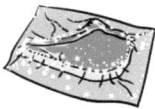

bevrore voedsel

menjar congelat

kouevleis

carn freda

blikkieskos

conserves

waspoeier

detergent en pols

lekkers

dolços

huishoudelike produkte

articles domèstics

skoonmaakprodukte

productes de neteja

verkoopsvrou

venedora

kasregister

caixa registradora

kassier

caixera

inkopielys

llista de la compra

besigheidsure

horari d'obertura

beursie

portamonedes

kredietkaart

carta de crèdit

sak

bossa

plastieksak

bossa de plàstic

water

aigua

sap

suc

melk

llet

coke

coca-cola

wyn

vi

bier

cervesa

alkohol

alcohol

kakao

cacau

tee

te

koffie

cafè

espresso

espresso

cappuccino

cappuccino

piesang

banana

appel

poma

lemoen

taronja

waatlemoen

síndria

suurlemoen

llimona

wortel

pastanaga

knoffel

all

bamboes

bambú

ui

ceba

sampioen

bolet

neute

avellanes

noedels

fideus

spaghetti

espaguetis

rys

arròs

slaai

amanida

aartappelskyfies

patates fregides

gebraaide aartappels

patates fregides

pizza

pizza

hamburger

hamburguesa

toebroodjie

entrepà

kotelet

escalopa

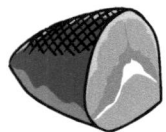

ham

cuixot

salami

salami

wors

salsitxa

hoender

pollastre

braaivleis

rostit

vis

peix

hawermoutflokkies

flocs de civada

muesli

musli

graanvlokkies

cereals

meel

farina

croissant

croissant

broodrolletjie

panet

brood

pa

roosterbrood

torrada

koekies

bescuits

botter

mantega

dikmelk

mató

koek

pastís

eier

ou

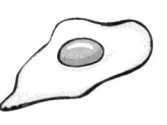

gebraaide eier

ou fregit

kaas

formatge

kos - menjar

roomys

gelat

suiker

sucre

heuning

mel

konfyt

melmelada

nougat-smeer

crema de xocolata

kerrie

curri

plaas
granja

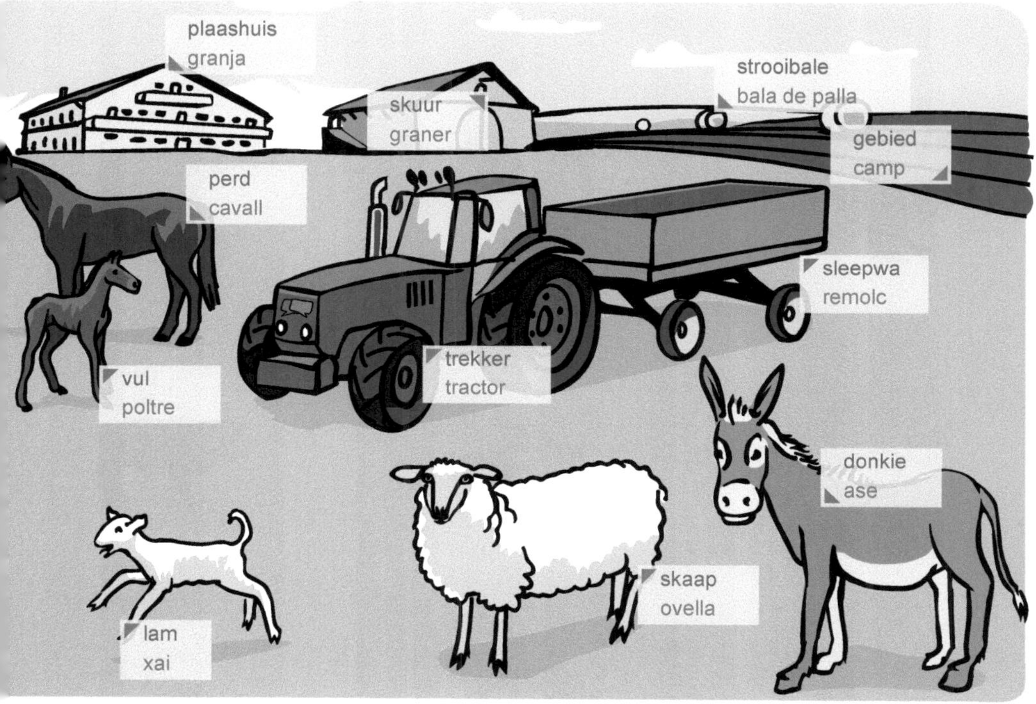
plaashuis
granja
skuur
graner
strooibale
bala de palla
gebied
camp
perd
cavall
sleepwa
remolc
trekker
tractor
vul
poltre
donkie
ase
skaap
ovella
lam
xai

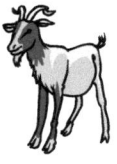

bok

cabra

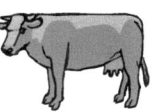

koei

vaca

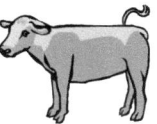

kalf

vedella

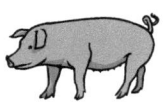

vark

porc

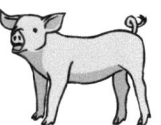

varkie

garrí

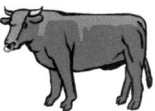

bul

bou

gans
oca

eend
ànec

kuiken
poll

hen
gall

haan
gallina

rot
rata

kat
gat

muis
ratolí

os
bou

hond
gos

hondehok
gossera

tuinslang
mànega de regar

gieter
regadora

sens
dalla

ploeg
arada

plaas - granja

sekel

falç

skoffel

aixada

gaffel

forca

byl

destral

kruiwa

carretó

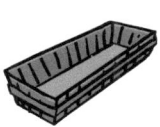

trog

abeurador

melkkan

lletera

sak

sac

heining

tanca

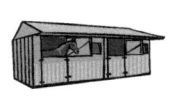

stal

establa

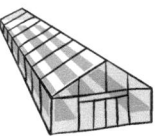

kweekhuis

hivernacle

grond

sòl

saad

llavor

kunsmis

adob

stroper

collidora

plaas - granja

oes

collir

oes

collita

yam

nyam

koring

blat

soja

soja

aartappel

patata

koring

blat de moro o d'indi

raapsaad

colza

vrugteboom

arbre fruiter

broodwortel

mandioca

graan

cereals

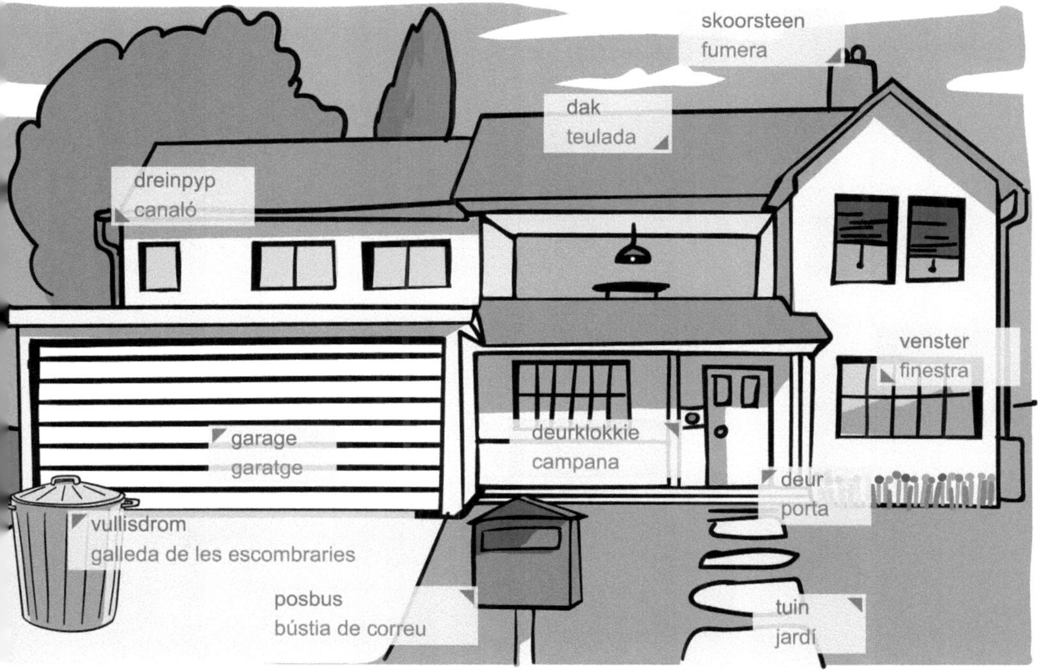

skoorsteen
fumera

dak
teulada

dreinpyp
canaló

venster
finestra

garage
garatge

deurklokkie
campana

deur
porta

vullisdrom
galleda de les escombraries

posbus
bústia de correu

tuin
jardí

woonkamer
sala d'estar

badkamer
bany

kombuis
cuina

slaapkamer
cambra de dormir

kinderkamer
cambra de nen

eetkamer
menjador

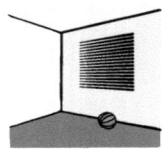

vloer
sòl

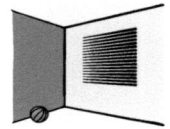

muur
paret

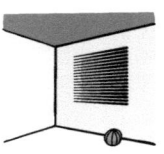

plafon
sostre

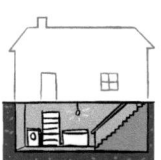

kelder
soterrani

sauna
sauna

balkon
balcó

terras
terrassa

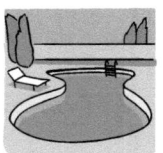

swembad
piscina

grassnyer
tallagespa

beddegoedoortreksel
vànova

deken
cobrellit

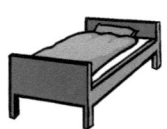

bed
llit

besem
escombra

emmer
galleda

skakelaar
interruptor

woonkamer
sala d'estar

muurpapier
paper de paret
prentjie
quadre
lamp
làmpada
rak
prestatge
kas
armari
televisie
televisor
kaggel
escalfapanxes
blom
flor
kussing
coixí
rusbank
sofà
vaas
gerro
afstandbeheer
telecomanda

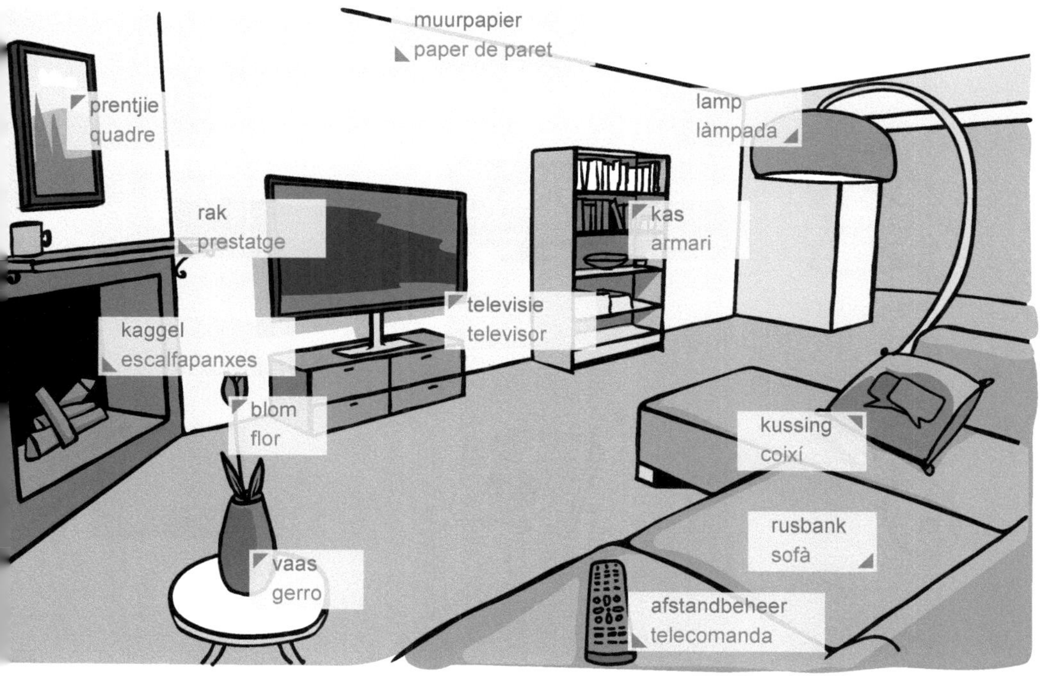

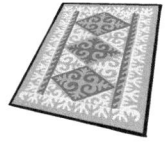

mat
catifa

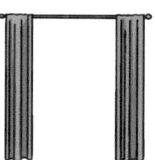

gordyn
cortina

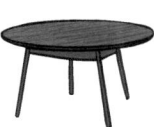

tafel
taula

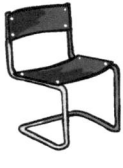

stoel
cadira

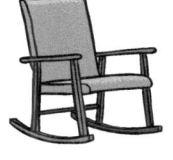

wiegstoel
cadira gronxadora

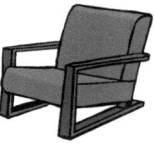

leunstoel
cadiral

boek
llibre

kombers
llençol

versiering
decoració

vuurmaakhout
llenya

film
film

hoëtroustel
cadena de música

sleutel
clau

koerant
diari

skildery
pintura

plakkaat
cartell

radio
ràdio

notaboekie
bloc de notes

stofsuier
aspiradora

kaktus
cactus

kers
candela

kombuis
cuina

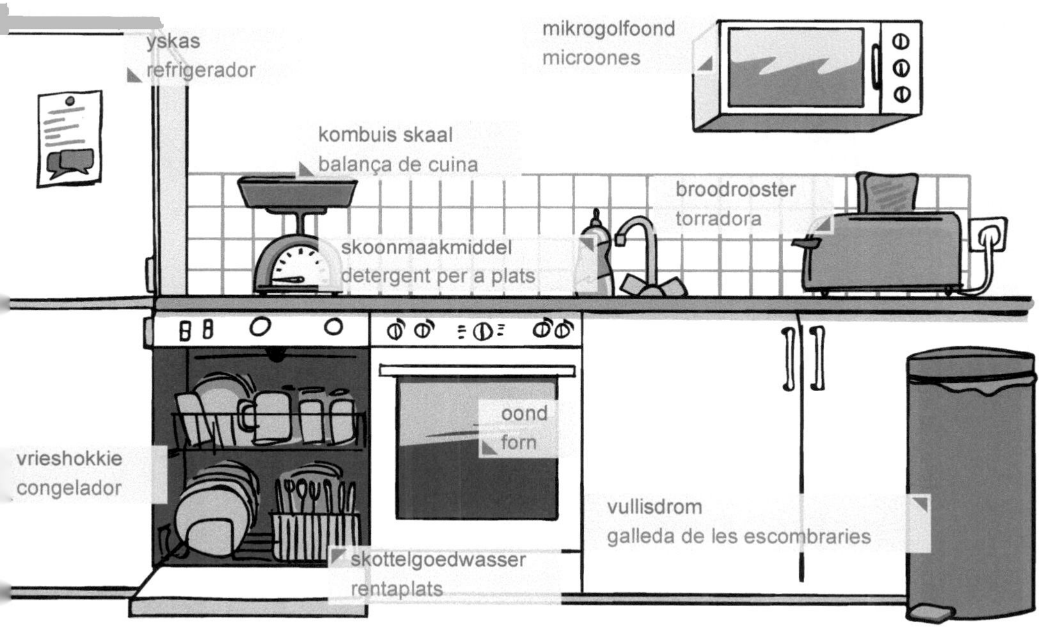
yskas
refrigerador
mikrogolfoond
microones
kombuis skaal
balança de cuina
broodrooster
torradora
skoonmaakmiddel
detergent per a plats
oond
forn
vrieshokkie
congelador
vullisdrom
galleda de les escombraries
skottelgoedwasser
rentaplats

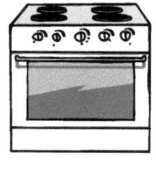

drukkoker

cuina de fogons

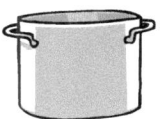

pot

olla

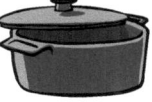

ysterpot

olla de ferro colat

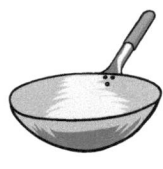

wok / kadai

wok / karahi

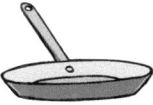

pan

paella

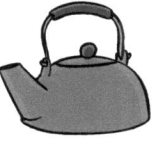

ketel

bullidor

stoomkoker

olla de vapor

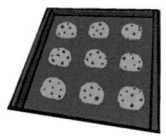

bakplaat

plata de forn

breekware

vaixella

beker

tassa grossa

bak

bol

eetstokkie

bastonets xinesos

skeplepel

culler

spatel

espàtula

klitser

batedor

sif

colador

sif

sedàs

rasper

ratllador

vysel

morter

braai

barbacoa

oop vuur

foc a terra

broodplank

taula de tallar

koekroller

corró

kurktrekker

llevataps

kan

pot de conserva

blikoopmaker

obridor

vatlap

agafador

opwasbak

aigüera

borsel

raspall

spons

esponja

menger

batedora

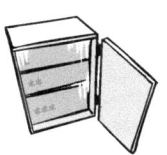

vrieskas

congelador

bababottel

biberó

kraan

aixeta

badkamer
bany

verwarming
calefacció
handdoek
tovallola
stort
dutxa
stortgordyn
cortina de dutxa
borrel bad
bany de bombolles
bad
banyera
glas
got
wasmasjien
rentadora
kraan
aixeta
teëls
rajoles
potjie
orinal
opwasbak
aigüera

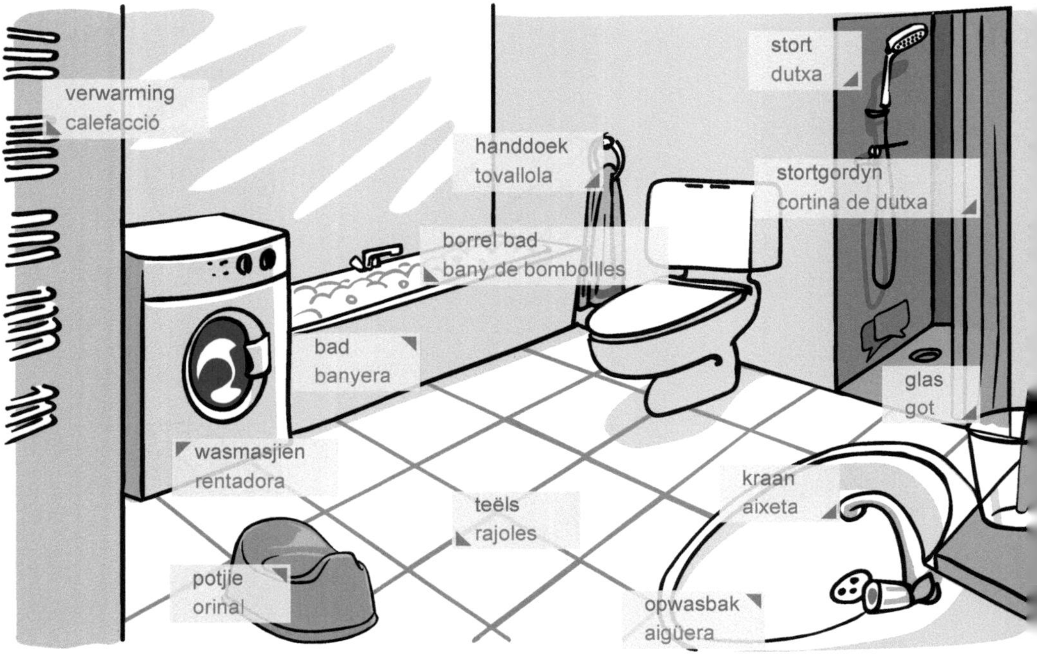

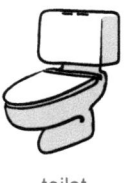

toilet

lavabo

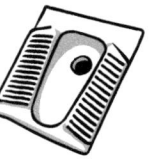

hurktoilet

lavabo turc

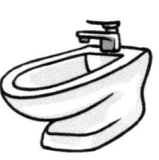

bidet

bidet

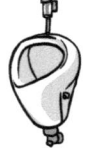

urinaal

orinador

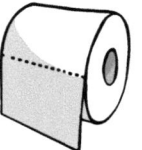

toiletpapier

paper higiènic

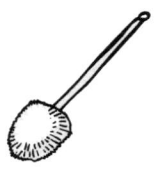

toiletborsel

escombreta de sanitari

tandeborsel

raspall de dents

tandepasta

pasta de dents

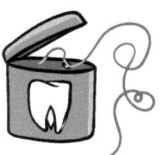

tande vlos

fil dental

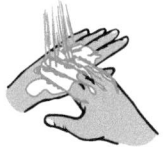

was

rentar

handstort

pom de dutxa

stort

dutxa íntima

wasbak

rentamans

rugkantborsel

raspall per a l'esquena

seep

sabó

stortgel

gel de dutxa

sjampoe

xampú

flanel

manyopla de bany

drein

bonera

room

crema

reukweerder

desodorant

spieël

mirall

spieëltjie

mirall-espill de mà

skeermes

maquineta de rasar

skeerroom

espuma de barbejar

naskeermiddel

loció post-rasada

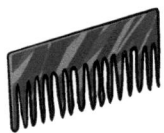

kam

pinta

borsel

raspall

haardroër

eixugador

haarsproei

laca

grimmering

maquillatge

lipstifie

pintallavis

naellak

esmalt d'ungles

watte

cotó

naelknipper

tallaungles

parfuum

perfum

toiletsakkie

estoig de bellesa

stoel

tamboret

skaal

bàscula

badjas

barnús

rubberhandskoene

guants de goma

tampon

compresa higiènica

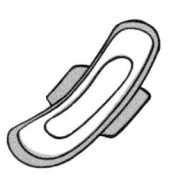

sanitêre handdoek

compresa

chemiese toilet

sanitari químic

kinderkamer

cambra de nen

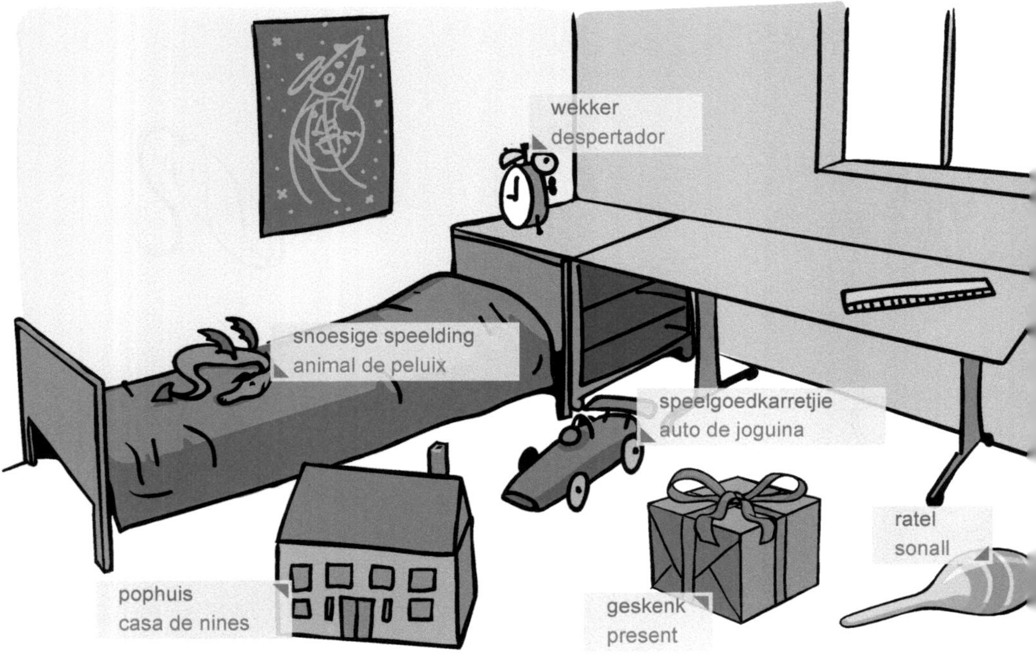

wekker
despertador
snoesige speelding
animal de peluix
speelgoedkarretjie
auto de joguina
ratel
sonall
pophuis
casa de nines
geskenk
present

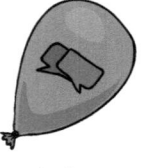

ballon

balón

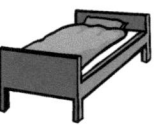

bed

llit

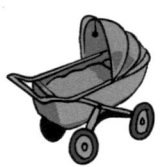

stootwaentjie

cotxet per a nens

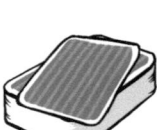

kaartespel

joc de cartes

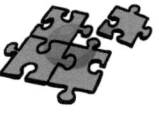

legkaart

trencaclosca

SUPER MEGA

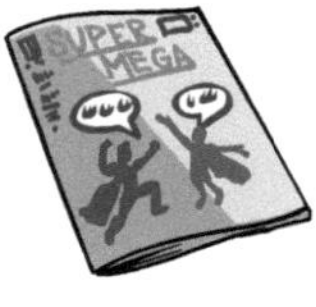

tekenprent

historieta

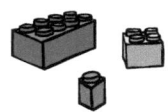

lego-blokkies

peces de lego

speelgoedblokke

peces de construcció

animasieheld

ninot d'acció

groeipakkie

granota

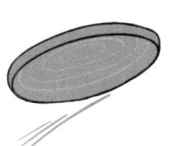

frisbee

frisbee

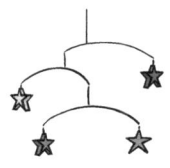

mobile

mòbil per a bressol

bordspeletjie

joc de taula

dobbelsteen

daus

model trein stel

tren elèctric

fopspeen

xumet

partytjie

festa

prenteboek

llibre de dibuixos

bal

pilota

pop

nina

speel

jugar

kinderkamer - cambra de nen

sandput

sorrera

swaai

gronxador

speelgoed

joguines

videospeletjie-konsole

consola de jocs de vídeo

driewiel

tricicle

teddiebeer

osset de peluix

klerekas

armari

klere

roba

sokkies

mitjons

kouse

mitges

broekiekouse

mitja pantaló

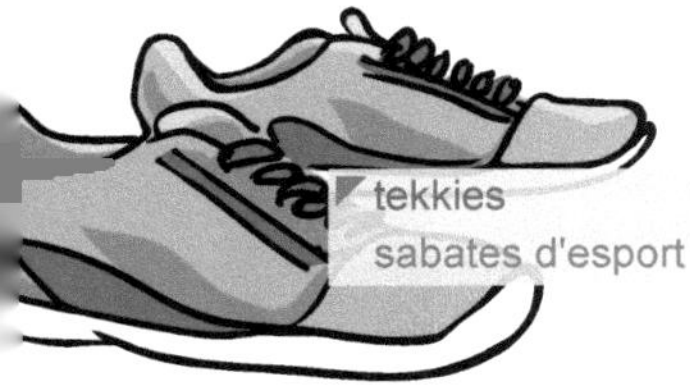

serp
tapacoll

belt
cintura

sambreel
paraigua

t-hemp
camiseta

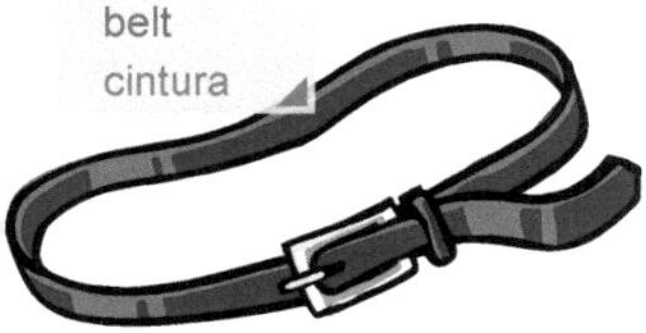

skoene
botes

pantoffels
plantofes

tekkies
sabates d'esport

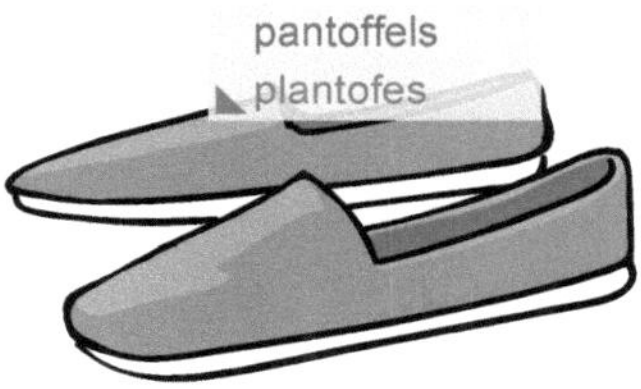

sandale
....
sandàlies

skoene
....
sabates

rubber stewels
....
botes de goma

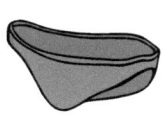
onderbroek
....
calçonets

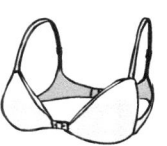
bra
....
sostenidor

onderbaadjie
....
guardapits

liggaam
jjustacòs

broek
pantalons

jeans
jeans

romp
faldeta

bloes
brusa

hemp
camisa

oortrektrui
jersei

oortrektrui
dessuadora

baadjie
blazer

baadjie
jaqueta

jas
mantell

reënjas
impermeable

kostuum
vestit de dona

rok
vestit de dona

trourok
vestit de núvia

pak
vestit d'home

nagrok
camisa de dormir

pajamas
pijama

sari
sari

kopdoek
mocador de cap

tulband
turbant

burqa
burca

kaftan
caftan

abaya
abaia

swembroek
vestit de bany

swembroek
calçon(et)s de bany

kortbroek
pantalons curts

sweetpak
xandall

voorskoot
davantal

handskoene
guants

klere - roba

knoppie

botó

bril

ulleres

armband

braçalet

halssnoer

collaret

ring

anell

oorbel

orellera

pet

casquet

klerehanger

penjador

hoed

capell

das

corbata

rits

cremallera

helmet

casc

draadjies

elàstics

skooluniform

uniforme escolar

uniform

uniforme

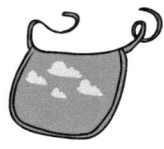

bib
....
pitet

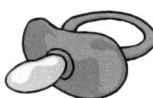

fopspeen
....
xumet

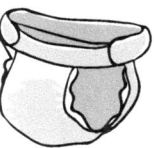

doek
....
bolquer

kantoor
oficina

bediener
servidor
liasseerkabinet
armari arxivador
drukker
impressora
papier
paper
skerm
monitor
muis
ratolí
lessenaar
escriptori
leêr
arxivador
sleutelbord
teclat
vullisdrom
paperera
rekenaar
ordinador
stoel
cadira

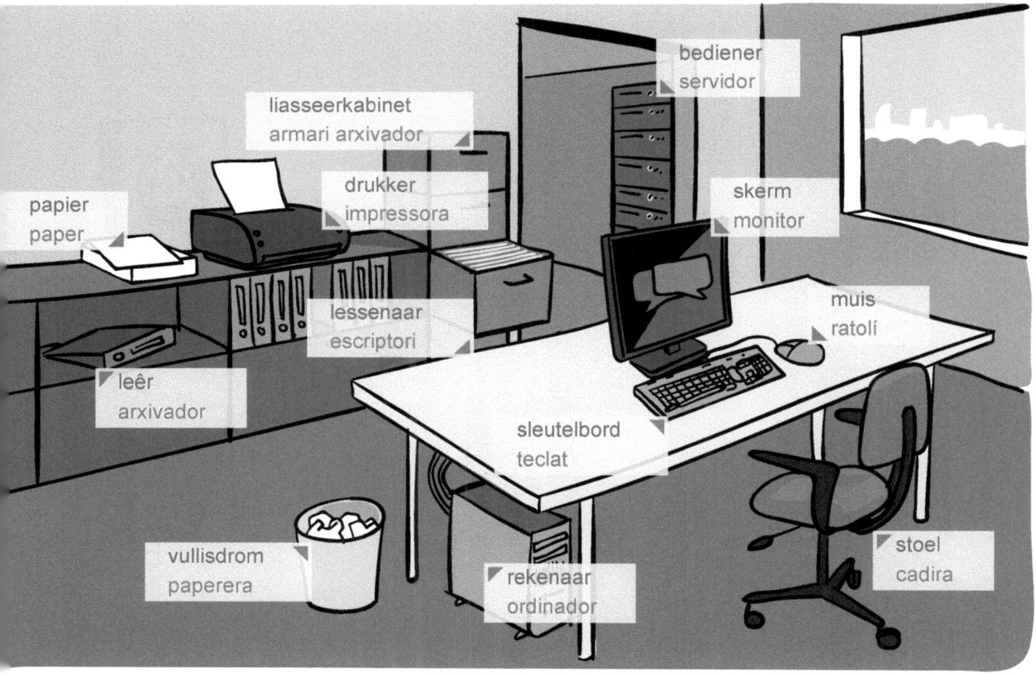

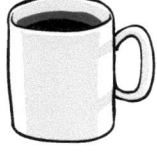

koffiebeker
....
tassa de cafè

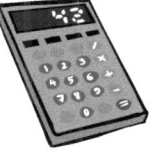

sakrekenaar
....
calculadora

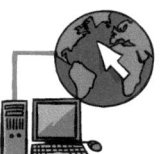

internet
....
Internet

skootrekenaar

ordinador portàtil

brief

lletra

boodskap

missatge

selfoon

mòbil

netwerk

xarxa

fotostaatmasjien

fotocopiadora

sagteware

programari

telefoon

telèfon

muurprop

presa de corrent

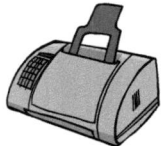

faksmasjien

fax

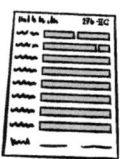

vorm

formulari

dokument

document

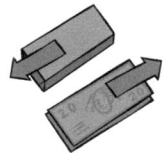

koop

comprar

betaal

pagar

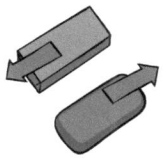

besigheid doen

comerciar

geld

diners

dollar

dòlar

euro

euro

yen

ien

roebel

ruble

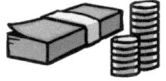

switserse frank

franc suís

renminbi yuan

renminbi

rupee

rupia

kontantteller (ATM)

caixa automàtica

bureau de change

oficina de canvi

goud

or

silwer

argent

olie

petroli

energie

energia

prys

preu

kontrak

contracte

belasting

impost

aandele

acció

werk

treballar

werknemer

treballador

werkgewer

empresari

fabriek

fàbrica

winkel

botiga

beroepe
oficis

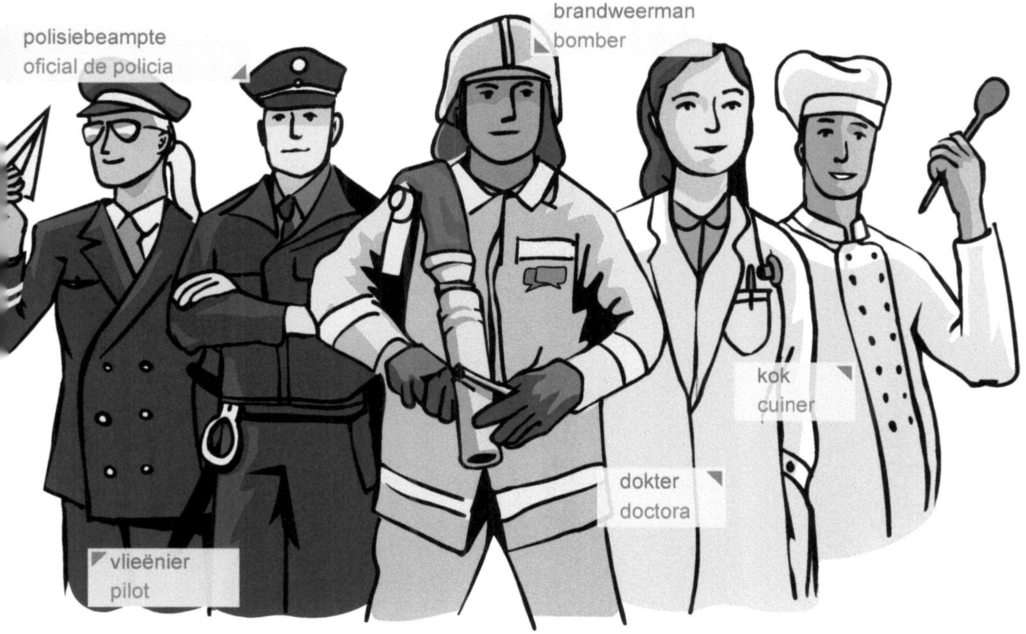

polisiebeampte
oficial de policia
brandweerman
bomber
kok
cuiner
dokter
doctora
vlieënier
pilot

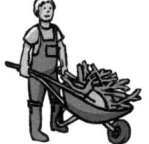

tuinier

jardiner

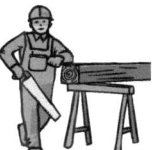

timmerman

fuster

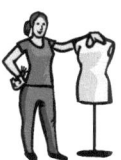

naaldwerkster

costurera

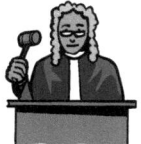

regter

jutge

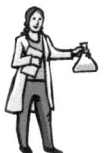

chemikus

química

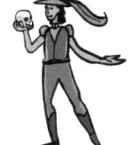

akteur

actor

busbestuurder

conductor d'autobús

taxibestuurder

taxista

visserman

pescador

skoonmaakvrou

dona de la neteja

dakwerker

ensostrador

kelner

cambrer

jagter

caçador

skilder

pintor

bakker

forner

elektrisiën

electricista

bouer

obrer de la construcció

ingenieur

enginyer

slagter

carnisser

loodgieter

llanterner

posman

correu

soldaat
soldat

argitek
arquitecte

kassier
caixera

bloemiste
florista

haarkapper
perruquer

kondukteur
revisor

werktuigkundige
mecànic

kaptein
capità

tandarts
dentista

wetenskaplike
cientific

rabbi
rabí

imam
imam

monnik
monjo

predikant
capellà

beroepe - oficis

55

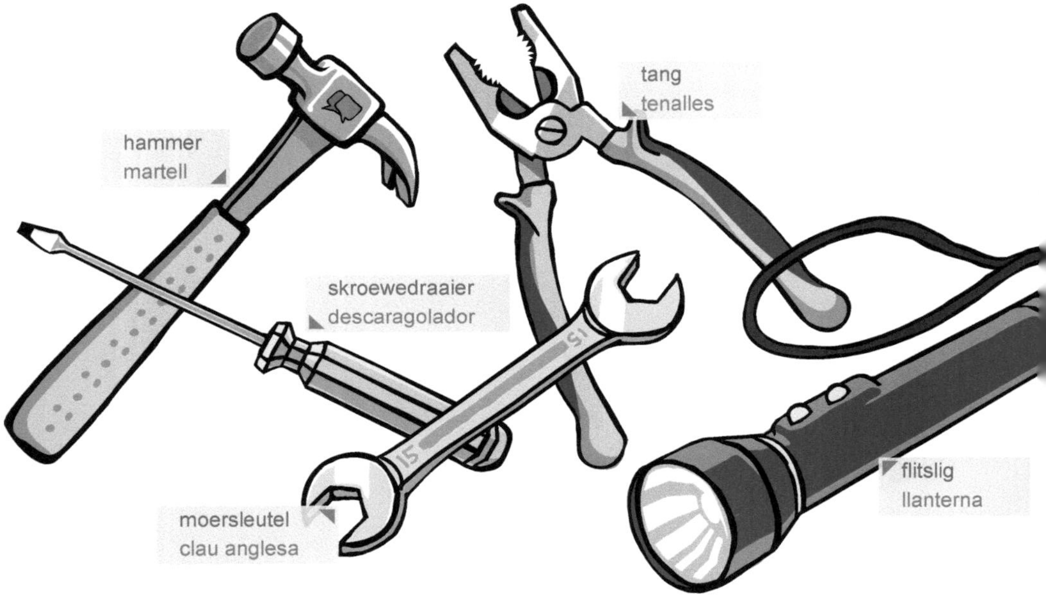

hammer
martell

tang
tenalles

skroewedraaier
descaragolador

moersleutel
clau anglesa

flitslig
llanterna

graaftoestel
excavadora

gereedskapskis
caixa d'eines

leer
escala

saag
serra

naels
claus

boor
trepant

regmaak
reparar

graaf
pala

verdomp!
Maleït siga!

skoppie
pala

verfpot
pot de pintura

skroewe
caragols

musiekinstrumente
instrument de música

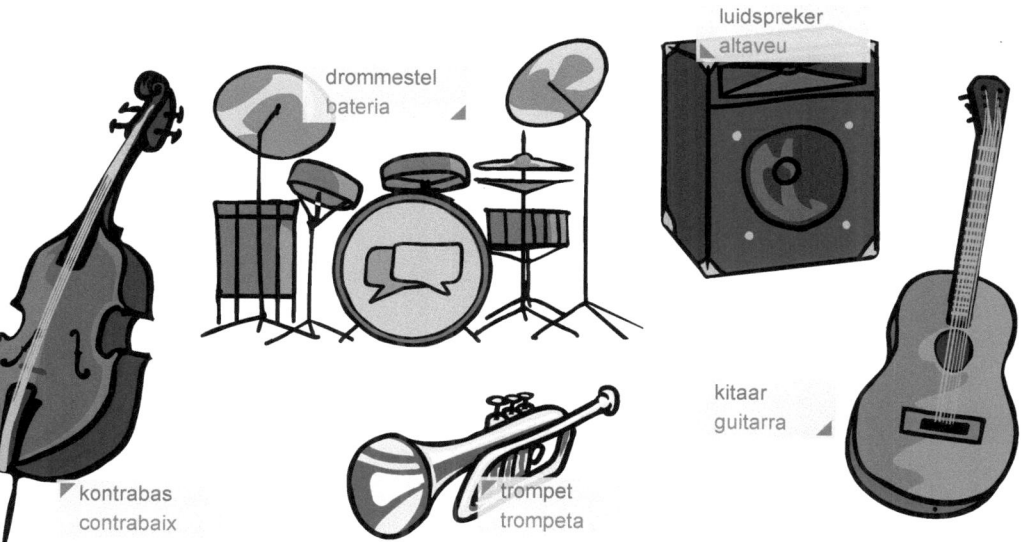

luidspreker
altaveu

drommestel
bateria

kitaar
guitarra

kontrabas
contrabaix

trompet
trompeta

klavier

piano

viool

violí

bas

baix

keteltrom

timbal

dromme

tambor

sleutelbord

teclat

saksofoon

saxofon

fluit

flauta

mikrofoon

micròfon

dieretuin

zoo

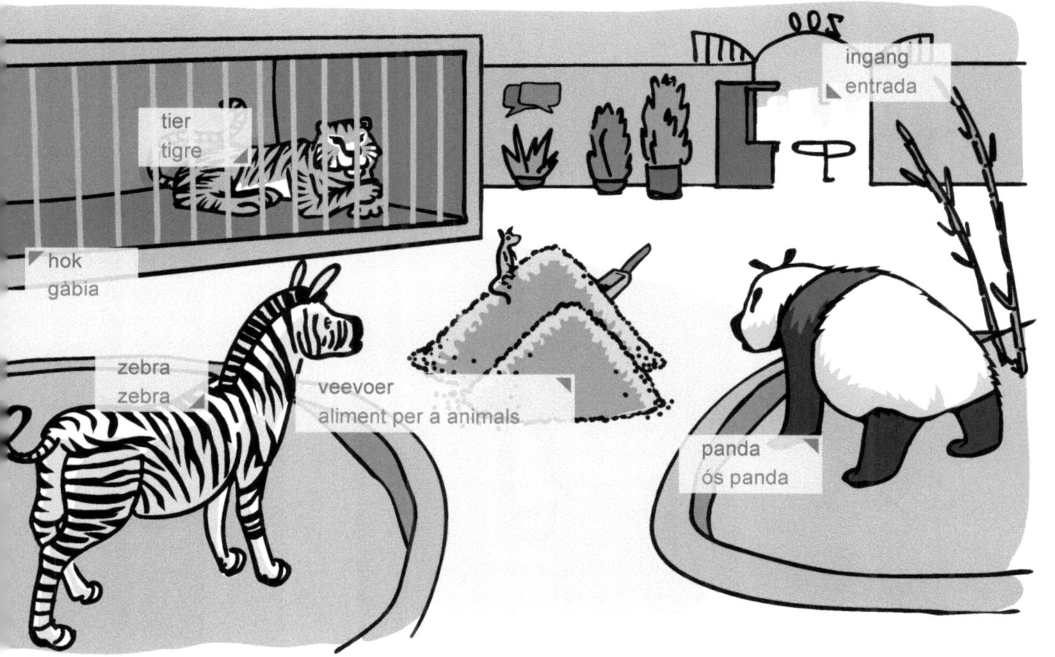

ingang
entrada
tier
tigre
hok
gàbia
zebra
zebra
veevoer
aliment per a animals
panda
ós panda

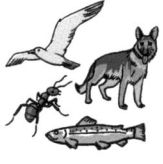

diere
animals

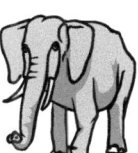

olifant
elefant

kangaroo
cangurú

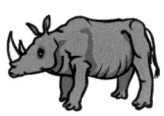

renoster
rinoceront

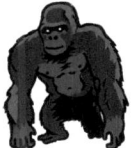

gorilla
goril·la

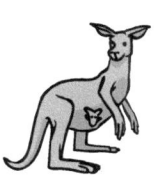

beer
ós

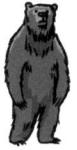

kameel

camell

volstruis

estruç

leeu

lleó

aap

simi

flamink

flamenc

papegaai

papagai

ysbeer

ós polar

pikkewyn

pingüí

haai

ca mari

pou

paó

slang

serp

krokodil

cocodril

dieretuinopsigter

guardià del zoo

rob

foca

jaguar

jaguar

ponie

poni

luiperd

lleopard

seekoei

hipopòtam

kameelperd

girafa

arend

àliga

wildevark

senglar

vis

peix

skilpad

tortuga

walrus

morsa

jakkals

guineu

gemsbok

gasela

Amerikaanse Voetbal
futbol americà

fietsry
ciclisme

tennis
tenis

basketbal
bàsquet

swem
natació

boks
boxa

ys-hokkie
hoquei sobre gel

sokker
futbol americà

pluimbal
bàdminton

atletiek
atletisme

handbal
handbol

ski
esquí

polo
polo

aktiwiteite
activitats

lag
riure
spring
saltar
drukkie
abraçar
loop
anar
sing
cantar
droom
somiar
bid
pregar
soen
fer un petó

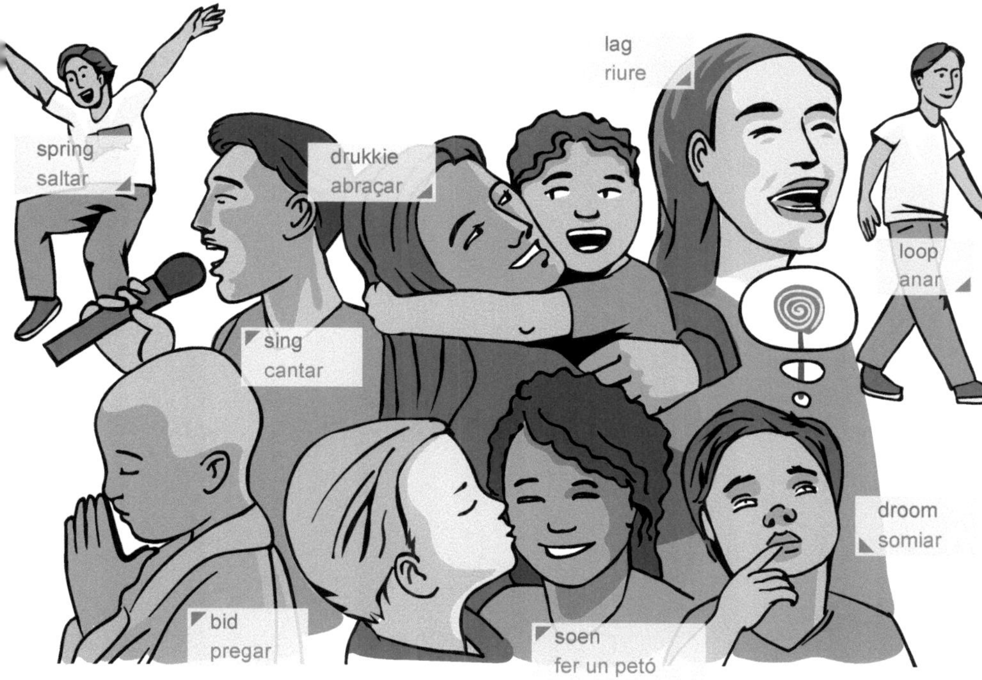

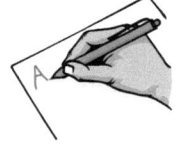

skryf

escriure

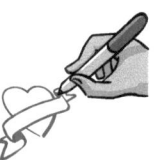

teken

dibuixar

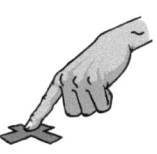

show

mostrar

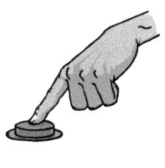

druk

pitjar

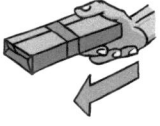

gee

donar

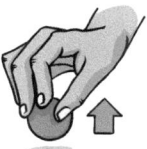

neem

prendre

het
tenir

doen
fer

wees
ésser

staan
estar dret

hardloop
córrer

trek
estirar

gooi
llançar

val
caure

jok
jeure

wag
esperar

dra
portar

sit
asseure's

aantrek
vestir-se

slaap
dormir

wakker word
despertar-se

kyk na

mirar

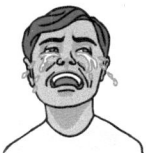

huil

plorar

streel

amoixar

kam

pentinar

praat

parlar

verstaan

comprendre

vra

demanar

luister

escoltar

drink

beure

eet

menjar

opruim

endreçar

liefhê

estimar

kook

cuinar

ry

conduir

vlieg

volar

aktiwiteite - activitats

seil

navegar

bereken

calcular

lees

llegir

leer

aprendre

werk

treballar

trou

casar-se

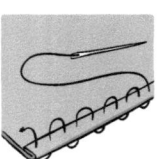

naai

cosir

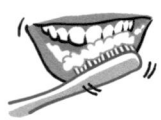

tande borsel

raspallar-se les dents

doodmaak

matar

rook

fumar

stuur

enviar

ouma
àvia

oupa
avi

pa
pare

ma
mare

baba
nadó

dogter
filla

seun
fill

gas
convidat

tannie
tia

oom
oncle

broer
germà

suster
germana

liggaam

cos

voorkop
front
oog
ull
skouer
espatlla
vinger
dit
gesig
cara
ken
barbeta
hand
mà
been
cama
bors
pit
arm
braç

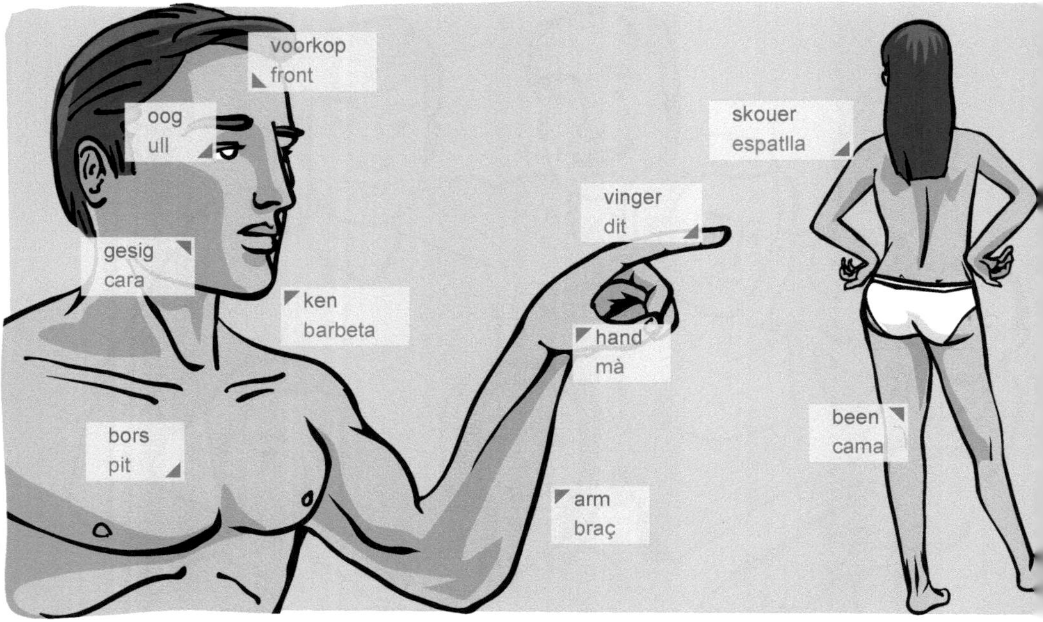

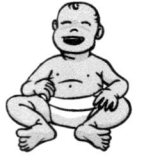

baba
nadó

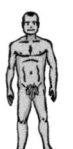

man
home

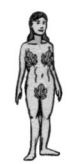

vrou
dona

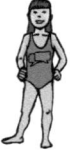

meisie
noia

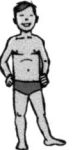

seun
noi

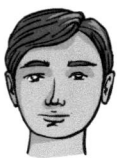

kop
cap

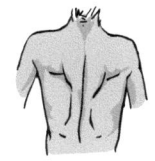

rug
esquena

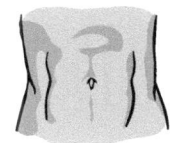

buik
panxa

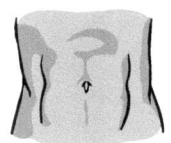

naelstring
melic

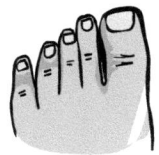

toon
dit gros del peu

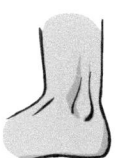

hak
taló

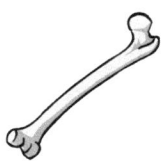

been
os

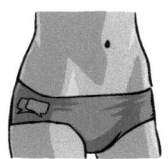

heup
maluc

knie
genoll

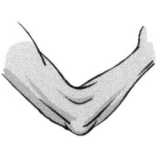

elmboog
colze

neus
nas

boude
cul

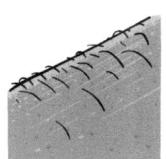

vel
pell

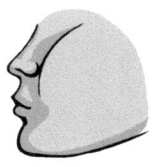

wang
galta

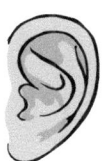

oor
orella

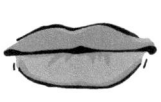

lippe
llavi

mond

boca

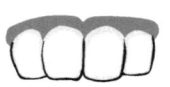

tand

dent

tong

llengua

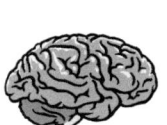

brein

cervell

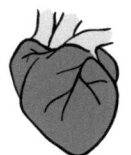

hart

cor

spiere

múscul

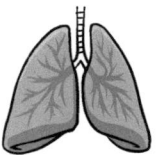

long

pulmó

lewer

fetge

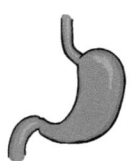

maag

estómac

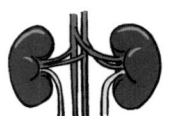

niere

ronyó

seks

relació sexual

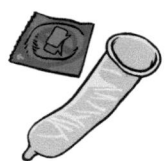

kondoom

preservatiu

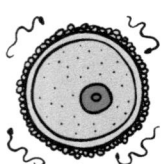

eierstok

ovari

semen

semen

swangerskap

prenyat

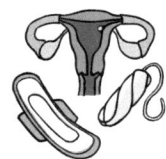

menstruasie

menstruació

vagina

vagina

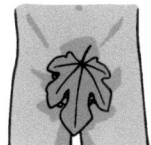

penis

penis

wenkbrou

cella

hare

cabells

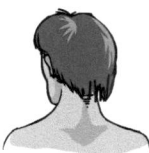

nek

coll

hospitaal

hospital

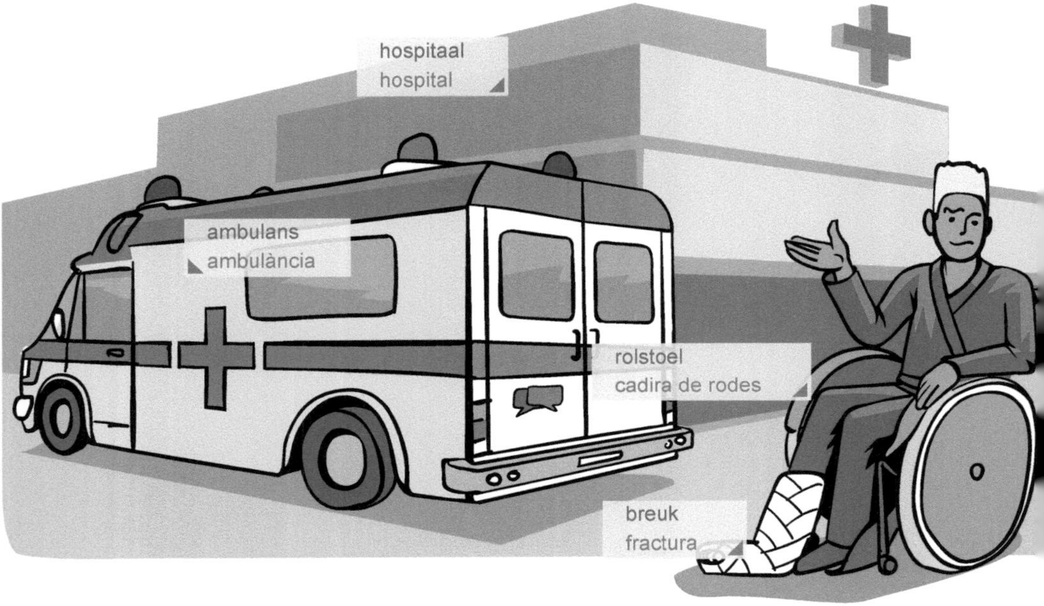

hospitaal
hospital
ambulans
ambulància
rolstoel
cadira de rodes
breuk
fractura

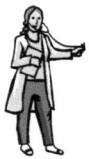

dokter

doctora

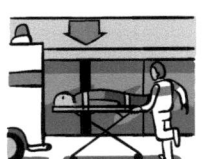

ongevalle

sala d'urgències

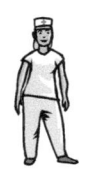

verpleegster

infermera

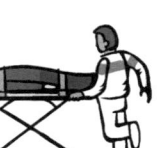

noodgeval

urgència

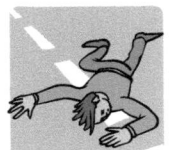

bewusteloos

inconscient

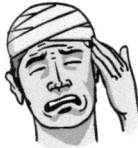

pyn

dolor

besering

ferida

bloeding

sagnament

hartaanval

atac de cor

beroerte

apoplexia

allergie

al·lèrgia

hoes

tos

koors

febre

griep

gripa

diarree

diarrea

hoofpyn

mal de cap

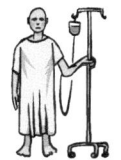

kanker

càncer

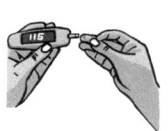

diabetes

diabetis

chirurg

cirurgià

skalpel

escalpel

operasie

operació

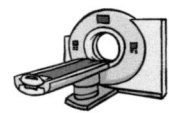

CT
....
tomografia computada (TC),
TAC

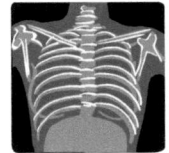

X-straal
....
raigs x

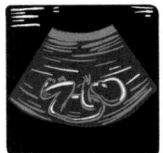

ultraklank
....
ultrasò

gesigmasker
....
mascareta

siekte
....
malaltia

wagkamer
....
sala d'espera

kruk
....
crossa

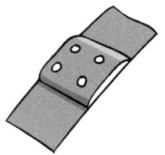

gips
....
tireta

verband
....
embenat

inspuiting
....
injecció

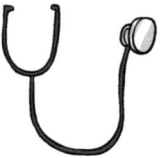

stetoskoop
....
estetoscopi

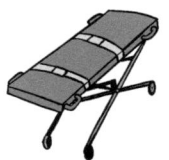

draagbaar
....
llitera

kliniese termometer
....
termòmetre clínic

geboorte
....
pariment

oorgewig
....
sobrepès

gehoorapparaat

aparell auditiu

ontsmettingsmiddel

desinfectant

infeksie

infecció

virus

virus

MIV / vigs

VIH / SIDA

medisyne

medicina

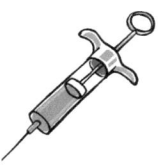

inenting

vaccí

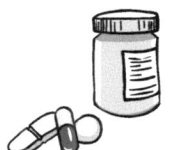

tablette

comprimits

pil

píl·lola

noodoproep

trucada d'urgència

blooddrukmonitor

tensiòmetre

siek / gesond

malalt / sà

Help!

Socors!

alarm

alarma

aanranding

assalt

aanval

atac

gevaar

perill

nooduitgang

sortida-eixida d'urgència

Brand!

Foc!

brandblusser

extintor

ongeluk

accident

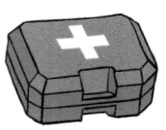

noodhulpkissie

farmaciola de primers
auxilis

SOS

SOS

polisie

policia

Europa

Europa

Noord-Amerika

Amèrica del Nord

Suid-Amerika

Amèrica del Sud

Afrika

Àfrica

Asië

Àsia

Australië

Austràlia

Atlantiese Oseaan

Atlàntic

Stille Oseaan

Pacífic

Indiese Oseaan

Oceà Índic

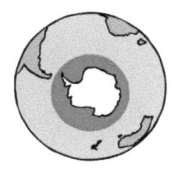

Antarktiese Oseaan

Oceà Antàrtic

Arktiese Oseaan

Oceà Àrtic

Noordpool

pol nord

Suidpool

pol sud

Antarktika

Antàrtida

aarde

terra

land

país

see

mar

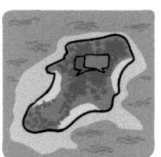

eiland

illa

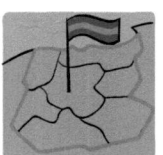

nasie

nació

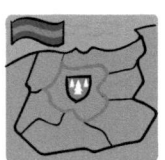

staat

estat

horlosie

quadrant

uur-aanwyser

agulla de les hores

minuut-aanwyser

agulla dels minuts

sekonde-aanwyser

agulla dels segons

Hoe laat is dit?

Quina hora és?

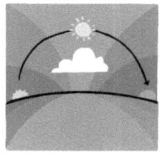

dag

dia

tyd

temps

nou

ara

digitale horlosie

rellotge digital

minuut

minut

uur

hora

week

setmana

Maandag / dilluns — MO

Woensdag / dimecres — W

Vrydag / divendres — FR

Dinsdag / dimarts — TU

Donderdag / dijous — TH

Saterdag / dissabte — SA

Sondag / diumenge — SO

gister
ahir

vandag
avui

môre
demà

oggend
matí

middag
migdia

aand
tarda

werksdae
dia feiner

naweek
cap de setmana

jaar

any

reën
pluja
reënboog
arc de Sant Martí
sneeu
neu
wind
vent
lente
primavera
Herfs
tardor
somer
estiu
winter
hivern

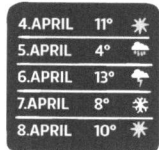

4.APRIL 11°
5.APRIL 4°
6.APRIL 13°
7.APRIL 8°
8.APRIL 10°

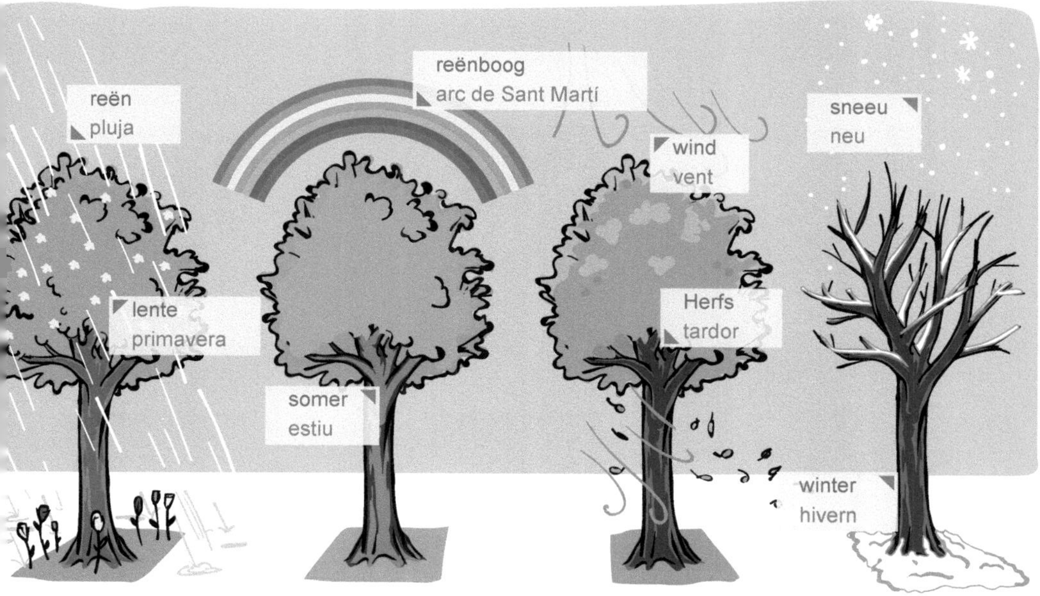

weervoorspelling

pronòstic del temps

F
C
120
90
60
30
0
-30
40
30
20
10
0
-10
-20

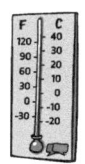

termometer

termòmetre

sonskyn

llum del sol

wolk

núvol

mis

boira

humiditeit

humiditat de l'aire

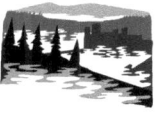

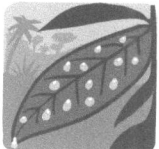

weerlig

llamp

donderweer

tro

storm

tempesta

hael

calamarsa

reënseisoen

monsó

vloed

inundació

ys

gel

Januarie

gener

Februarie

febrer

Maart

març

April

abril

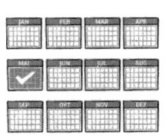

Mei

maig

Junie

juny

Julie

juliol

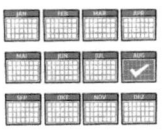

Augustus

agost

September
....
setembre

Oktober
....
octubre

November
....
novembre

Desember
....
desembre

vorms
formes

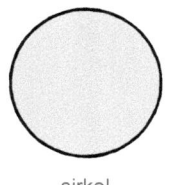

sirkel
....
cercle

vierkant
....
quadrat

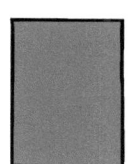

reghoek
....
rectangle

driehoek
....
triangle

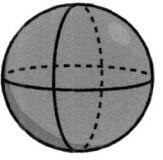

gebied
....
esfera

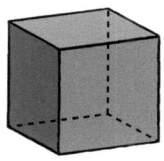

kubus
....
cub

wit

blanc

geel

groc

oranje

taronja

pink

rosa

rooi

vermell

pers

lila

blou

blau

groen

verd

bruin

marró

grys

gris

swart

negre

'n baie / 'n bietjie

molt / poc

kwaad / kalm

emprenyat / tranquil

pragtig / lelik

bonic / lleig

begin / einde

començament / fi

groot / klein

gran / petit

helder / donker

clar / fosc

broer / suster

germà / germana

skoon / vuil

net / brut

volledige / onvolledige

complet / incomplet

dag / nag

dia / nit

dood / lewendig

mort / viu

wyd / smal

ample / estret

eetbare / oneetbaar

comestible / immenjable

kwaad / vriendelik

dolent / amable

opgewonde / verveeld

entusiasmat / entediat

vet / maer

gros / prim

eerste / laaste

primer / darrer

vriend / vyand

amic / enemic

vol / leeg

ple / buit

hard / sag

dur / tou

swaar / lig

pesant / lleuger

honger / dors

gana / set

siek / gesond

malalt / sà

onwettige / wettige

il·legal / legal

slim / dom

intel·ligent / ximple

links / regs

esquerra / dreta

naby / vêr

prop / llunyà

nuut / tweedehands

nou / usat

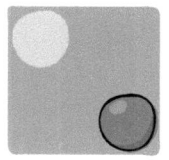

niks / iets

res / quelcom

oud / jonk

vell / jove

aan / af

encès / apagat

oop / toe

obert / tancat

stil / lawaaierig

silenciós / sorollós

ryk / arm

ric / pobre

reg / verkeerd

correcte / incorrecte

grof / glad

aspre / suau

hartseer / gelukkig

trist / content

kort / lank

curt / llarg

stadig / vinnig

lent / ràpid

nat / droog

humit / sec - eixut

warm / koel

calent / fred

oorlog / vrede

guerra / pau

0

nul
....
zero

1

een
....
u

2

twee
....
dos

3

drie
....
tres

4

vier
....
quatre

5

vyf
....
cinc

6

ses
....
sis

7

sewe
....
set

8

agt
....
vuit

9

nege
....
nou

10

tien
....
deu

11

elf
....
onze

12

twaalf

dotze

13

dertien

tretze

14

veertien

catorze

15

vyftien

quinze

16

sestien

setze

17

sewentien

disset

18

agtien

divuit

19

negentien

dinou

20

twintig

vint

100

honderd

cent

1.000

duisend

mil

1.000.000

miljoen

milió

Engels

anglès

Amerikaanse Engels

anglès americà

Mandaryns

xinès mandarí

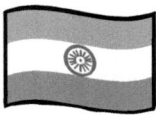

Hindi

hindi

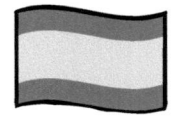

Spaans

espanyol

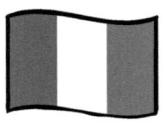

Frans

francès

Arabies

àrab

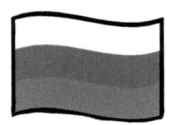

Russies

rus

Portugees

portuguès

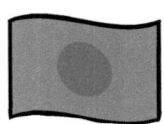

Bengaals

bengalí

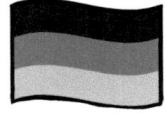

Duits

alemany

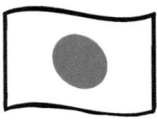

Japanees

japonès

Ek
....
jo

jy
....
tu

hy / sy / dit
....
ell / ella / allò

ons
....
nosaltres

julle
....
vosaltres

hulle
....
ells

wie?
....
qui?

wat?
....
què?

hoe?
....
com?

waar?
....
on?

wanneer?
....
quan?

naam
....
nom

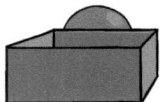

agter

darrere

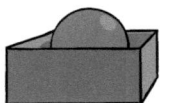

in

en

voor

davant de

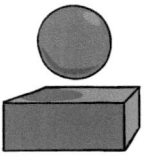

oor

damunt

bo-op

sobre

onder

sota

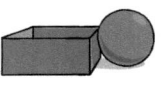

langs

al costat

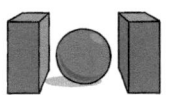

tussen

entre

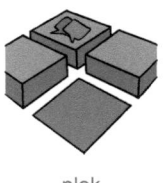

plek

lloc